Santa Mônica: para fortalecer as mães e trazer os filhos para o bom caminho

Elam de Almeida Pimentel

Santa Mônica: para fortalecer as mães e trazer os filhos para o bom caminho

Novena e ladainha

EDITORA VOZES

Petrópolis

© 2008, Editora Vozes Ltda.
Rua Frei Luis, 100
25689-900 Petrópolis, RJ
www.vozes.com.br
Brasil

5ª edição, 2013.

4ª reimpressão, 2024.

Todos os direitos reservados. Nenhuma parte desta obra poderá ser
reproduzida ou transmitida por qualquer forma e/ou quaisquer meios
(eletrônico ou mecânico, incluindo fotocópia e gravação)
ou arquivada em qualquer sistema ou banco de dados
sem permissão escrita da editora.

CONSELHO EDITORIAL	PRODUÇÃO EDITORIAL
Diretor	Aline L.R. de Barros
Volney J. Berkenbrock	Marcelo Telles
	Mirela de Oliveira
Editores	Otaviano M. Cunha
Aline dos Santos Carneiro	Rafael de Oliveira
Edrian Josué Pasini	Samuel Rezende
Marilac Loraine Oleniki	Vanessa Luz
Welder Lancieri Marchini	Verônica M. Guedes
Conselheiros	**Conselho de projetos editoriais**
Elói Dionísio Piva	Luísa Ramos M. Lorenzi
Francisco Morás	Natália França
Gilberto Gonçalves Garcia	Priscilla A.F. Alves
Ludovico Garmus	
Teobaldo Heidemann	
Secretário executivo	
Leonardo A.R.T. dos Santos	

Editoração: Frei Leonardo A.R.T. dos Santos
Diagramação e capa: AG.SR Desenv. Gráfico

ISBN 978-85-326-3659-1

Este livro foi composto e impresso pela Editora Vozes Ltda.

Sumário

1 Apresentação, 7
2 Tradição sobre a vida de Santa Mônica, 8
3 Novena de Santa Mônica, 11

   1º dia, 11

   2º dia, 12

   3º dia, 14

   4º dia, 15

   5º dia, 17

   6º dia, 18

   7º dia, 20

   8º dia, 21

   9º dia, 23

4 Oração a Santa Mônica, 25
5 Ladainha de Santa Mônica, 27

APRESENTAÇÃO

Santa Mônica, mãe de Santo Agostinho, é um exemplo de esperança para as mães que estão lutando para livrar os filhos do mau caminho. Por muitos anos, ela rezou por seu filho Agostinho, pedindo a Deus sua conversão, sem vacilar na fé. Por isso é invocada pelas mães cujos filhos estão vivenciando uma fase de rebeldia, de desvios de comportamento, de dependência de drogas e outros vícios. É também invocada por mulheres que estão sofrendo no casamento, sendo maltratadas pelos esposos. É a santa da esperança e da certeza de que Deus atende nossas preces.

Este livrinho contém a vida de Santa Mônica, sua novena, orações e ladainha, como também algumas passagens bíblicas, seguidas de uma oração para pedir uma graça especial, acompanhada de um Pai-nosso, uma Ave-Maria e um Glória-ao-Pai.

Tradição sobre a vida de Santa Mônica

> *Não quero calar os sentimentos que me brotam da alma, acerca desta vossa serva, que, pela carne, me concebeu para a vida temporal e, pelo coração, me fez nascer para a eterna.*
> Santo Agostinho

Santa Mônica nasceu no ano de 332, em Tagasta, na África, e sua família era cristã. Ainda muito jovem, casou-se com Patrício, homem de temperamento forte, violento; irritava-se com as orações de sua mulher por ser pagão.

Outras mulheres de Tagasta também sofriam com seus maridos; Mônica lhes foi um exemplo, com sua paciência e atenção ao marido. Desse casamento, nasceram três filhos: Agostinho, Navígio e Perpétua, sendo estes dois últimos, desde cedo, seguidores dos passos da mãe, tornando-se religiosos. Ao contrário dos irmãos, Agostinho era desobediente e problemático.

Mônica sofria com resignação, humildade e muita fé, acreditando que ainda veria o marido convertido, o que veio a acontecer, tendo sido Patrício batizado um ano antes de falecer.

Agostinho, por ocasião da morte do pai, tinha 17 anos e era motivo de grande preocupação para a mãe por seguir um caminho tortuoso, sem religião, muito desobediente à sua mãe, que chorava e rezava muito por ele. Próximo aos 20 anos de idade, Agostinho já era pai de um menino, Adeodato, fruto de um caso amoroso. Contrariando a mãe, Agostinho foi tentar a vida em Roma e, depois, em Milão. Mônica não o abandonou. Foi à sua procura e o encontrou em Milão, cidade onde Agostinho conheceu o então bispo Santo Ambrósio, cuja doutrina muito contribuiu para sua conversão. Estava, na época, com 33 anos e, ano seguinte, Mônica teve a satisfação de ver seu filho e seu neto convertidos e batizados.

Mônica decidiu voltar com o filho para a África, mas, chegando ao Porto de Óstia, perto de Roma, adoeceu e faleceu em 387, com 56 anos de idade. Seu corpo encontra-se inumado na Igreja de Santo Agostinho, em Roma. Santa Mônica é comemorada em 27 de agosto, véspera da comemoração de Santo Agostinho.

3

NOVENA DE SANTA MÔNICA

1º dia

Iniciemos com fé este primeiro dia de nossa Novena invocando a presença da Santíssima Trindade. Em nome do Pai e do Filho e do Espírito Santo. Amém.

Leitura bíblica: At 16,31

"Crê no Senhor Jesus e serás salvo, tu e tua família."

Reflexão

O Apóstolo Paulo deu esperança aos cristãos com a frase acima. Assim acreditou Santa Mônica, que em nenhum momento deixou de crer no Senhor e no poder da oração para a conversão do marido e, depois, do filho rebelde. Seguindo o exemplo de Santa Mônica, rezemos com fé e esperança por nossa família e por nosso(a) filho(a) que está passando por uma fase difícil.

Oração

Santa Mônica, vós que, pela oração e fé, alcançastes de Deus a conversão de vosso marido e vosso seu filho Agostinho, dai-me força e fé, iluminando meu lar em nome do Senhor Jesus. Ajudai meu(minha) filho(a)... (falar o nome) a seguir o bom caminho, fazendo com que... (pede- se a graça desejada).

Pai-nosso, Ave-Maria, Glória-ao-Pai.

Santa Mônica, intercedei por... (fala-se o nome do(a) filho(a)).

2º dia

Iniciemos com fé este segundo dia de nossa Novena invocando a presença da Santíssima Trindade. Em nome do Pai e do Filho e do Espírito Santo. Amém.

Leitura bíblica: Sl 25,15-18

"Meus olhos estão sempre fixados no SE-NHOR, pois Ele tirará da rede meus pés. / Volta-te para mim e tem piedade, / pois estou só e aflito. / As angústias ocuparam o espaço do meu coração; / tira-me das minhas tribulações! / Vê minha aflição e meu sofrimento / e perdoa-me todos os pecados!"

Reflexão

Por 17 anos Santa Mônica sofreu, chorou e rezou por Santo Agostinho e, confiando em Deus, nunca perdeu a esperança de reabilitá-lo para o bom caminho. Assim como Santa Mônica, vamos confiar em Deus, conversar com Ele, expressando nossas angústias e orando por nossos filhos.

Oração

Santa Mônica, olhai pelo meu(minha) filho(a)... (falar o nome), que tantos dissabores tem causado. Ajudai meu(minha) filho(a) a entrar no bom caminho. Afastai-o(a)... (dizer o problema do(a) filho(a)). Dai-me esta alegria e vos serei eternamente agradecida.

Pai-nosso, Ave-Maria, Glória-ao-Pai.

Santa Mônica, intercedei por... (fala-se o nome do(a) filho(a)).

3º dia

Iniciemos com fé este terceiro dia de nossa Novena invocando a presença da Santíssima Trindade. Em nome do Pai e do Filho e do Espírito Santo. Amém.

Leitura do Evangelho: Mc 11,22-24

"Jesus respondeu: 'Tende fé em Deus. Eu vos asseguro: Quem disser a este monte: *Sai daí e joga-te ao mar* e não duvidar em seu coração, mas acreditar que vai acontecer o que diz, assim acontecerá. Por isso eu vos digo: Tudo o que pedirdes na oração, crede que o recebereis e vos será dado'".

Reflexão

Quando rezamos com fé, acabamos com nossas ansiedades e medos. Antes de realizar um milagre, Jesus se unia a Deus por meio da oração. Quando multiplicou os pães ou transformou a água em vinho, um de seus rituais foi voltar os olhos para o céu e estabelecer contato com Deus. Reunido com os discípulos, ensinou a oração do Pai-nosso. O próprio Jesus confiava na força da oração. Santa Mônica seguiu o exemplo de Jesus, orando com esperança e fé em Deus.

Oração

Gloriosa Santa Mônica, aqui estou diante de vós, necessitando do vosso auxílio. Eu me sinto desamparada, sem saber o que fazer para ajudar... (falar o nome da pessoa). E vós sois a minha grande esperança. Intercedei por mim, alcançando de Deus a graça que hoje vos peço... (mencionar o pedido). Dai-me muita fé e esperança em Deus todo-poderoso para enfrentar esta difícil fase que estou enfrentando.

Pai-nosso, Ave-Maria, Glória-ao-Pai.

Santa Mônica, intercedei por... (fala-se o nome do(a) filho(a)).

4º dia

Iniciemos com fé este quarto dia de nossa Novena invocando a presença da Santíssima Trindade. Em nome do Pai e do Filho e do Espírito Santo. Amém.

Leitura do Evangelho: Mt 18,12-14

"O que vos parece? Suponhamos que um homem possua cem ovelhas e uma se extravie. Não deixará ele as noventa e nove na montanha para ir buscar a ovelha que se extraviou? E eu vos garanto que, ao encontrá-la, sente mais alegria por ela do que pelas noventa e nove que não se extraviaram. Assim também, a vontade de vosso Pai celeste é que não se perca nem um só destes pequeninos."

Reflexão

Se algum filho está vivendo um momento de rebeldia, de descontrole, lembre-se desta passagem do Evangelho. Ela nos mostra que o Bom Pastor deixa as noventa e nove ovelhas no redil e vai em busca da que se perdeu. Ele a encontra, a põe sobre os ombros e a leva de volta sã e salva. Devemos entregar os filhos a Deus e apenas rezar com muita fé e esperança, pois o Bom Pastor vai resgatá-los para o bom caminho.

Oração

Santa Mônica, minha protetora, eu ponho na vossa intercessão toda a minha confiança. Ajudai-me a aceitar com resignação todos os problemas que estou enfrentando nestas horas difíceis, entregando meu(minha) filho(a)... (falar o nome) a Deus, pois Ele vai trazê-lo(a) para o caminho do bem. Peço-vos que o(a) ajudeis a... (pedir a graça).

Pai-nosso, Ave-Maria, Glória-ao-Pai.

Santa Mônica, intercedei por... (fala-se o nome do(a) filho(a)).

5º dia

Iniciemos com fé este quinto dia de nossa Novena invocando a presença da Santíssima Trindade. Em nome do Pai e do Filho e do Espírito Santo. Amém.

Leitura do Evangelho: Jo 15,16

"Não fostes vós que me escolhestes, mas fui eu que vos escolhi. Eu vos destinei para irdes dar fruto e para que vosso fruto permaneça, a fim de que ele vos dê tudo o que pedirdes ao Pai em meu nome."

Reflexão

"Louvado seja Deus que pode fazer muito mais do que pedimos e pensamos." Santa Mônica teve muita fé e persistência na oração por seu filho Agostinho até conseguir a sua conversão.

Ele se tornou bispo de Hipona, sendo muito influente, deixando escritos que trouxeram iluminação espiritual para muitos através dos séculos. Santa Mônica pediu ao Pai e conseguiu, com paciência e fé, o atendimento de seu pedido.

Oração

Ó Santa Mônica, em meus momentos de desespero, dai-me força. Ajudai... (falar o nome da pessoa) a ouvir o meu chamado e o de Deus em sua vida, a se livrar das tentações, salvando-o(a)... (pedir a graça a ser alcançada).

Pai-nosso, Ave-Maria, Glória-ao-Pai.

Santa Mônica, intercedei por... (fala-se o nome do(a) filho(a)).

6º dia

Iniciemos com fé este sexto dia de nossa Novena invocando a presença da Santíssima Trindade. Em nome do Pai e do Filho e do Espírito Santo. Amém.

Leitura bíblica: 1Cor 13,13

> "No presente, permanecem estas três coisas: fé, esperança e amor; mas a maior delas é o amor."

Reflexão

Nunca é tarde demais para pedirmos a Deus que perdoe nosso ressentimento, nossa falta de aceitação pela fase difícil que enfrentamos devido aos problemas causados pelo "desvio" de um filho. Fomos criados para sermos felizes e, às vezes, nos deparamos com situações de dor e sofrimento. Nestas horas, é necessário ter fé e esperança no Senhor, rezando e acreditando que, para Deus, não existe o impossível. Encontramos nossas realizações no amor, na fé, na esperança e na oração. Deus nos ajuda a crescer e nos ensina, em todas as situações, mesmo quando nossos filhos estão dando problemas, que o amor deve estar sempre presente na relação com eles e com Deus.

Oração

Santa Mônica, hoje venho pedir luz para iluminar os caminhos de meu(minha) filho(a)... Iluminai a sua vida. Dai-me força suficiente para ir ao seu encontro, dizendo as palavras necessárias para mostrar-lhe o quanto o(a) amo, o quanto me preocupo com ele(a) e como quero vê-lo(a) no caminho do bem, da verdade e do amor.

Santa Mônica, intercedei junto a Deus para que meu(minha) filho(a) consiga a graça de... (pedir a graça).

Pai-nosso, Ave-Maria, Glória-ao-Pai.

Santa Mônica, intercedei por... (fala-se o nome do(a) filho(a)).

7º dia

Iniciemos com fé este sétimo dia de nossa Novena invocando a presença da Santíssima Trindade. Em nome do Pai e do Filho e do Espírito Santo. Amém.

Leitura bíblica: Ef 6,16-18

"Empunhai, a todo momento, o escudo da fé, com o que podereis inutilizar os dardos inflamados do maligno. Tomai, enfim, o capacete da salvação e a espada do espírito, que é a palavra de Deus. Vivei em oração e em súplicas. Orai em todo tempo no Espírito. Guardai uma vigilância contínua na oração e intercedei por todos os santos."

Reflexão

O poder da fé ajuda as pessoas nos momentos difíceis, fazendo com que realizem coisas impossíveis. A Bíblia nos ensina que "a fé pode remover montanhas" e esta fé é sempre mantida através de orações. Assim, os pais devem estar constantemente em oração por seus filhos, pedindo conselhos, conversando com Deus sobre eles. Seguindo o exemplo de Santa Mônica, oremos por nossos filhos.

Oração

Santa Mônica, ajudai-me a descobrir a ação divina em minha vida. Aumentai a minha fé em Deus e no poder da oração. Como mãe aflita, eu vos peço a graça... (falar a graça).

Pai-nosso, Ave-Maria, Glória-ao-Pai.

Santa Mônica, intercedei por... (fala-se o nome do(a) filho(a)).

8º dia

Iniciemos com fé este oitavo dia de nossa Novena invocando a presença da Santíssima Trindade. Em nome do Pai e do Filho e do Espírito Santo. Amém.

Leitura bíblica: Lm 2,19

"Levanta-te, grita de noite / ao trocar teus vigias! / Derrama como água teu coração /

na presença do Senhor, / levanta para Ele tuas mãos / pela vida de teus filhinhos, / que desmaiam de fome / nas esquinas das ruas!"

Reflexão

A oração com fé em Deus alivia o sofrimento das mães. Deus é sempre acessível às mães que estão sofrendo por seus filhos. Lamentemos com o Senhor as angústias que estamos sentindo ao ver nossos filhos no mau caminho.

Oração

Senhor, creio em vossa misericórdia para com as mães em sofrimento. A minha fé é bastante para confiar que o meu(minha) filho(a) será liberto(a)... (falar o problema do(a) filho (a)).

Santa Mônica, vigiai meu(minha) filho(a) (falar o nome da pessoa), ajudando-o(a) a se afastar... (pede-se a graça).

Pai-nosso, Ave-Maria, Glória-ao-Pai.

Santa Mônica, intercedei por... (fala-se o nome do(a) filho(a)).

9º dia

Iniciemos com fé este último dia de nossa Novena invocando a presença da Santíssima Trindade. Em nome do Pai e do Filho e do Espírito Santo. Amém.

Leitura do Evangelho: Lc 15,6-7

"Alegrai-vos comigo porque encontrei a ovelha perdida. Eu vos digo que também no céu haverá mais alegria por um pecador que se converte do que por noventa e nove justos que não necessitam de conversão."

Reflexão

Santa Mônica orava diariamente por seu filho Agostinho, desde que ele era criança. Ele se tornou rebelde, desobediente e, certa vez, ela pediu a um bispo africano que conversasse com Agostinho. O bispo se recusou e a aconselhou a apenas rezar: "Apenas ore ao Senhor a favor dele. É impossível que o filho de tais lágrimas venha a perecer". Ela orou com muita fé e, um dia, Agostinho veio a se converter. Ele aceitou Jesus em sua vida. A ovelha perdida foi encontrada.

Oração

Santa Mônica, como mãe em desespero, eu vos peço: voltai vosso olhar para meu filho(a)... (fala-se o nome). Pelos vossos dons, intercedei junto a Deus para que eu consiga... (fala-se a graça).

Pai-nosso, Ave-Maria, Glória-ao-Pai.

Santa Mônica, intercedei por... (fala-se o nome do(a) filho(a)).

Oração a Santa Mônica

Oração para pedir uma graça

Santa Mônica, vós que, pelas lágrimas e orações, alcançastes de Deus a conversão de vosso filho Santo Agostinho, ajudai-me a superar essas horas difíceis. Protegei... (falar o nome), ajudando-o(a) a se afastar das más companhias, a resistir com fé... (falar o problema que o filho(a) está tendo). Que ele(a) compreenda o valor da família, o importante respeito aos pais e a necessidade de sair dos caminhos tortuosos.

Santa Mônica, ensinai-nos, mães angustiadas, a paciência e a perseverança necessárias nessas horas difíceis e a nunca perder a fé em Deus todo-poderoso. Amém.

Oração de agradecimento pela graça alcançada

Santa Mônica, nós vos agradecemos de todo o coração porque estivestes sempre ao nosso lado, não nos abandonando na fase difícil que enfrentamos. Obrigada por nos ajudar a confiar em Deus, a conversar com Ele através das orações. Obrigada por nos dar a força para vivermos o amor, o perdão, a misericórdia e a superarmos esta adversidade que enfrentamos em nossa família. Santa Mônica, padroeira de todas as mães, iluminai nossos lares em nome de nosso Senhor Jesus Cristo. Amém.

Ladainha de Santa Mônica

Senhor, tende piedade de nós.
Jesus Cristo, tende piedade de nós.
Senhor, tende piedade de nós.

Jesus Cristo, escutai-nos.
Jesus Cristo, atendei-nos.

Pai celeste, que sois Deus, tende piedade de nós.
Deus Filho, Redentor do mundo, tende piedade de nós.
Deus Espírito Santo, tende piedade de nós.
Santíssima Trindade, que sois um só Deus, tende piedade de nós.

Santa Maria, mãe de Deus, rogai por nós.

Santa Mônica, modelo de esperança, rogai por nós.

Santa Mônica, padroeira de todas as mães, rogai por nós.

Santa Mônica, auxiliadora das mães desesperadas, rogai por nós.

Santa Mônica, santa da perseverança, rogai por nós.

Santa Mônica, santa da bondade, rogai por nós.

Santa Mônica, exemplo de paciência, rogai por nós.

Santa Mônica, consoladora das mães aflitas, rogai por nós.

Santa Mônica, padroeira de todas as mães, rogai por nós.

Santa Mônica, santa de bom conselho, rogai por nós.

Santa Mônica, mãe e esposa sofredora, rogai por nós.

Santa Mônica, mãe obstinada, rogai por nós.

Santa Mônica, mãe persistente nas orações, rogai por nós.

Santa Mônica, mãe do perpétuo socorro, rogai por nós.

Santa Mônica, mãe amorosa, rogai por nós.

Santa Mônica, fiel aos princípios cristãos, rogai por nós.

Santa Mônica, zeladora do matrimônio, rogai por nós.

Santa Mônica, santa protetora das famílias, rogai por nós.

Santa Mônica, consoladora das viúvas, rogai por nós.

Cordeiro de Deus, que tirais o pecado do mundo,

perdoai-nos, Senhor.

Cordeiro de Deus, que tirais o pecado do mundo,

atendei-nos, Senhor.

Cordeiro de Deus, que tirais o pecado do mundo,

tende piedade de nós, Senhor.

Jesus Cristo, ouvi-nos.
Jesus Cristo, atendei-nos.

Rogai por nós, Santa Mônica.
Para que sejamos dignas das promessas de Cristo.

Conecte-se conosco:

- **f** facebook.com/editoravozes
- ⓘ @editoravozes
- 𝕏 @editora_vozes
- ▶ youtube.com/editoravozes
- 🕾 +55 24 2233-9033

www.vozes.com.br

Conheça nossas lojas:
www.livrariavozes.com.br

Belo Horizonte – Brasília – Campinas – Cuiabá – Curitiba
Fortaleza – Juiz de Fora – Petrópolis – Recife – São Paulo

EDITORA VOZES LTDA.
Rua Frei Luís, 100 – Centro – Cep 25689-900 – Petrópolis, RJ
Tel.: (24) 2233-9000 – E-mail: vendas@vozes.com.br